BEI GRIN MACHT SICH IHR WISSEN BEZAHLT

AF144760

- Wir veröffentlichen Ihre Hausarbeit,
  Bachelor- und Masterarbeit

- Ihr eigenes eBook und Buch -
  weltweit in allen wichtigen Shops

- Verdienen Sie an jedem Verkauf

Jetzt bei www.GRIN.com hochladen und kostenlos publizieren

Bibliografische Information der Deutschen Nationalbibliothek:

Die Deutsche Bibliothek verzeichnet diese Publikation in der Deutschen National-
bibliografie; detaillierte bibliografische Daten sind im Internet über http://dnb.d-
nb.de/ abrufbar.

Impressum:

Copyright © 2015 GRIN Verlag, Open Publishing GmbH
Druck und Bindung: Books on Demand GmbH, Norderstedt Germany
ISBN: 9783668397033

Dieses Buch bei GRIN:

http://www.grin.com/de/e-book/353502/geraete-und-krafttraining-trainingslehre

Carolin Nüssgen

Geräte- und Krafttraining. Trainingslehre

GRIN Verlag

GRIN - Your knowledge has value

Der GRIN Verlag publiziert seit 1998 wissenschaftliche Arbeiten von Studenten, Hochschullehrern und anderen Akademikern als eBook und gedrucktes Buch. Die Verlagswebsite www.grin.com ist die ideale Plattform zur Veröffentlichung von Hausarbeiten, Abschlussarbeiten, wissenschaftlichen Aufsätzen, Dissertationen und Fachbüchern.

Besuchen Sie uns im Internet:

http://www.grin.com/

http://www.facebook.com/grincom

http://www.twitter.com/grin_com

Deutsche Hochschule für

Prävention und Gesundheitsmanagement

Hermann Neuberger Sportschule 3

66123 Saarbrücken

Einsendeaufgabe

Fachmodul: Trainingslehre I

Studiengang: BA Fitnessökonomie

Datum
Präsenzphase: 23.03. – 26.03.2015

Name, Vorname: Nüssgen, Carolin

Studienort: **Köln**

Semester: **WS 2014**

Inhaltsverzeichnis

1 Diagnose

1.1 Allgemeine und biometrische Daten

Vor Beginn einer Trainingsplanung ist eine detaillierte Diagnose mit dem Kunden wichtig. Die Datenerhebung ist im weiteren Verlauf für eine erfolgreiche Trainingsplanung ausschlaggebend. Außerdem werden in der Diagnose die Ziele und die Motivation des Kunden formuliert. Die Tabellen 1 und 2 stellen die in einem Diagnosegespräch erhobenen allgemeinen und biometrischen Daten des Kunden dar.

Tab. 1: Allgemeine Daten

Alter	50 Jahre
Geschlecht	männlich
Körpergröße	1,78 m
Körpergewicht	95 kg
Trainingsmotive	15 kg abnehmen, Muskelaufbau, Kraftaufbau, Blutdruck normalisieren
Berufliche Tätigkeit	leitender Angestellter (sitzende Tätigkeit)
Aktuelle sportliche Aktivität	seit 8 Wochen Krafttraining
Frühere sportliche Aktivität	seit ca. 10 Jahren kein Sport, davor Rennrad fahren am Wochenende
Leistungsstufe	Trainingsbeginner
Trainingsumfang	maximal 90 Minuten
Zeitlich verfügbarer Rahmen	2-3 Trainingseinheiten pro Woche

Tab. 2: Biometrische Daten

BMI	30 (Präadipositas, Normalgewicht liegt bei einem BMI zwischen 18,5 und 25)
Körperfettanteil	27% (hoch, der Normalwert liegt für Männer zwischen 40 und 59 Jahren bei 11- 22%)
Blutdruck	138/83 mmHg (hochnormal, optimale Werte liegen <120/80 mmHg, normale Werte liegen zwischen 120-129/80-84 mmHg)
Allgemeiner Gesundheitszustand	hochnormaler Blutdruck, Übergewicht, leicht erhöhte Nüchternblutzuckerwerte, erhöhtes Risiko für Diabetes Typ II, keine weiteren gesundheitlichen Einschränkungen oder Probleme
Ärztliche Behandlung	keine, ärztlicher Rat beim Gesundheitscheck vor 3 Monaten: 15 kg abnehmen, Kraft- und Ausdauertraining
Einnahme von Medikamenten	keine
Sonstige gesundheitliche Einschränkungen	keine

Bewertung der Belastbarkeit und Trainierbarkeit

Der Blutdruck des Kunden liegt im hochnormalen Bereich und der Körperfettanteil ist ebenfalls erhöht. Da keine weiteren körperlichen und gesundheitlichen Einschränkungen bei dem Kunden vorliegen, ist ein Krafttraining mit den Schwerpunkten Kraftausdauer und Hypertrophie in Kombination mit einem Ausdauertraining zu empfehlen, um den Blutdruck und das Gewicht zu senken. Die Trainierbarkeit und Belastbarkeit des Kunden werden als normal bewertet.

1.2 Krafttestung mittels Mehrwiederholungskrafttest (X-RM)

Um die optimale Belastung des Kunden durch das zukünftige Training ermitteln zu können, wird ein Mehrwiederholungskrafttest für die Intensitätsbestimmung zugrunde gelegt. Hierbei wird nach Marshall & Fröhlich (1999a, S. 311) nicht die Maximalkraft ermittelt, sondern das maximal zu bewältigende Gewicht bei einer vorher festgelegten Wiederholungszahl.

Vor Beginn der eigentlichen Krafttestung werden ein allgemeines und ein spezielles Aufwärmen durchgeführt. Durch das allgemeine Aufwärmen steigt die Körpertemperatur an und die Kontraktionsfähigkeit der Muskulatur wird erhöht, indem die Muskulatur besser durchblutet wird, was zu einer besseren Versorgung des Muskels mit Sauerstoff und Nährstoffen führt. Dieser kann dann durch eine erhöhte Nervenleitgeschwindigkeit schneller kontrahieren. Außerdem wird die Leistungsfähigkeit des Herz-Kreislauf-Systems erhöht, was aus einer Zunahme der Herzfrequenz und einem damit verbundenen schnelleren Zirkulieren des Blutes resultiert. Das Aufwärmen dient weiterhin der Verletzungsprophylaxe und der psychischen Einstimmung des Trainierenden auf die folgende Belastung (Eifler, 2014, S. 49). Das allgemeine Aufwärmen erfolgt für diesen Kunden beispielsweise durch 15 minütiges Radfahren auf einem Fahrradergometer bei einer Herzfrequenz von 160 Schlägen/Minute abzüglich des Lebensalters (hier 110 Schläge/Min.). Da das folgende Krafttraining mit der Übung Beinpresse beginnen soll, ist es sinnvoll zum allgemeinen Aufwärmen den Fahrradergometer einzusetzen. Dort werden die vor allem die großen Muskelgruppen in den Beinen koordinativ gefordert und auf die folgende erste Belastung gut vorbereitet. Im anschließenden speziellen Aufwärmen werden entsprechend der im Training angestrebten Belastungen die lokalen Muskelgruppen und Gelenkstrukturen vorbereitet. Es muss jedoch erwähnt werden, dass es keine wissenschaftlichen Belege für die Notwendigkeit eines speziellen Aufwärmens gibt. Das Dehnen vor dem Training fördert beim Trainierenden eher die mentale Einstellung auf das folgende Training und führt zu einer Mobilisation (Eifler, 2014, S. 50). Wiemann & Kamphöfner (1995) kamen zu dem Schluss, dass Kraft- oder Schnellkraftbelastung gemindert werden, wenn Dehnübungen zu lange oder zu intensiv durchgeführt werden. Empfehlenswert ist daher eher ein kurzes aktiv-dynamisches Dehnen. Im Rahmen des speziellen Aufwärmens können beispielsweise 1-2 Vorbereitungssätze an ausgewählten Krafttrainingsgeräten mit ca. 50% des Arbeitsgewichtes durchgeführt werden. Die Anzahl der Vorbereitungssätze ist von der Komplexität der folgenden Übung abhängig. In der Praxis haben sich mehrere Sätze mit progressiver Intensitätssteigerung und gleichzeitiger Abnahme der Wiederholungszahl bewährt. Denkbar wäre ein spezielles Aufwärmen im 1. Satz 8 Wiederholungen mit 50% des Arbeitsgewichts, im 2. Satz 3 Wiederholungen mit 70% des Arbeitsgewichts und im letzten Satz 1 Wiederholung mit 80% des Arbeitsgewichts. Beim Aufwärmen ist eine vorzeitige Laktatbildung zu vermeiden (Eifler, 2014, S. 238). Da in dem vorliegenden Fall das Arbeitsgewicht durch den folgenden Krafttest erst ermittelt werden soll, sind Vorbereitungssätze mit sehr geringen Lasten zu empfehlen.

Es kann davon ausgegangen werden, dass sich sie Bewegungsabläufe für einen Krafttest hinreichend etabliert haben, da der Kunde bereits seit mehreren Wochen ein Krafttraining durchführt. Bei dem nun folgenden Mehrwiederholungskrafttest wird der Test mit der Wiederholungszahl durchgeführt, mit der im Anschluss, dem Ziel des Kunden entsprechend, trainiert werden soll. Da der Kunde Muskelaufbau als Ziel hat, wird der Test zunächst mit 18 Wiederholungen pro Gerät durchgeführt, da diese Wiederholungszahl im darauffolgenden Mesozyklus verwendet werden soll, um das Ziel Kraftausdauer zu trainieren. Für den Mehrwiederholungskrafttest werden folgende Geräte im Hinblick auf ein Ganzkörpertraining ausgewählt:

1. Beinpresse
2. Lat-Zug zum Kinn
3. Brustpresse sitzend
4. Rückenstreckmaschine
5. Bauchmaschine
6. Trizepsdrücken im parallelen Stand am Turm
7. Bizeps-Curls (Scott-Bank)
8. Kurzhantelseitheben im Sitzen mit angewinkelten Armen

Das Gewicht für den ersten Testsatz wird zu Beginn des Testes durch den Trainer festgelegt. Die Testgewichte unterscheiden sich je nach Übung. Wenn das Testgewicht für den Kunden dem maximal konzentrisch bewältigbaren Gewicht entspricht, wird dieses Gewicht als Arbeitsgewicht für den anschließenden Mesozyklus festgehalten. Ist das Gewicht zu gering, wird ein zweiter Testsatz mit einem um 5%, 10% oder 25% gesteigerten Gewicht durchgeführt. Es werden jedoch maximal drei Testsätze durchgeführt (Eifler, 2014, S.121 f.). In der folgenden Tabelle werden die absolvierten Gewichte im Mehrwiederholungskrafttest dargestellt.

Tab. 3: Testergebnisse des Mehrwiederholungskrafttest

Übung	Wiederholungszahl	Gewicht [kg]
Beinpresse	18	120
Lat-Zug zum Kinn	18	40
Brustpresse im Sitzen	18	45
Rückenstreckmaschine	18	45
Bauchmaschine	18	40
Trizepsdrücken am Turm	18	15
Bizeps-Curls (Scott-Bank)	18	7,5
Kurzhantelseitheben im Sitzen	18	5

Wie alle Krafttests ist auch der Mehrwiederholungskrafttest durch Störfaktoren von außen beeinflussbar. Daher gibt der Test trotz konsequenter Standardisierung aller Rahmenbedingungen nur eine Groborientierung zur Intensitätsbestimmung an und dient nur dem intraindividuellen Leistungsvergleich (Eifler, 2014, S.122). Anhand der Testergebnisse ist deutlich zu erkennen, dass der Kunde erst seit wenigen Wochen die Kraftausdauer trainiert. Das bedeutet, dass zu Beginn des Trainings ein deutliches Steigerungspotential vorliegt. Die Ergebnisse des Mehrwiederholungskrafttests werden nun in einem Trainingsplan für den Kunden umgesetzt. Die Ableitung der Trainingsintensitäten erfolgt nach der „individuellen- Leistungsbild- Methode" (ILB- Methode). In der Tabelle 4 ist das Grobraster der ILB- Methode dargestellt (Eifler, 2000; Strack & Eifler, 2013).

Tab. 4: Grobraster zur Trainingsplanung nach der ILB- Methode (Eifler, 2000; Strack & Eifler, 2013)

Leistungs-stufe	Zeitstufe [Monate]	Organisa-tionsform	Einheiten/ Woche	Übungen/ Muskel	Sätze/ Übung	Intensität [%]
Orientierungs-stufe	0-1,5	GK	2	1-2	1-2	gering
Beginner	1,5-6	GK	2	1-2	1-2	50-70
Geübter	6-12	GK	2-3	1-2	2	60-80
Fortge-schrittener	> 12	GK/ Split	3-4	1-3	2-3	70-90
Leistungs-trainierender	> 36	GK/ Split	3-6	1-4	2-4	80-100

GK= Ganzkörpertraining, Split= Splittraining, Kraftausdauertraining: 15-30 Wiederholungen (Wdh.), Hypertrophietraining: 8-15 Wdh., Maximalkrafttraining: 5-8 Wdh.

Bei Umsetzung der Testergebnisse in einen Trainingsplan werden verschiedene Leistungsstufen unterschieden. Danach trainieren „Beginner" und „Geübte" mit einer Gewichtslast von 50-70% bzw. 60-80% ILB-Testergebnis und „Fortgeschrittene" und „Leistungstrainierende" mit 70-90% bzw. 80-100% ILB-Testergebnis (vgl. Tabelle 4). Bei „Beginnern" und „Geübten" ist die Trainingsbelastung subjektiv eher sanft, sodass hochmotivierte und leistungsfähige Anfänger durch die geringeren Intensitäten demotiviert werden könnten. Es stellt sich die Frage, ob durch die geringen Intensitäten von 50-70% ausreichende Trainingsreize gesetzt werden, um eine Muskelhypertrophie und neuromuskuläre Adaptionen anzuregen (Eifler, 2013).

2   Zielsetzung/Prognose

Durch die ärztlich gestellte Diagnose des erhöhten Nüchternblutzuckerspiegels und des hochnormalen Blutdrucks sind die Ziele des Kunden eine Gewichtsreduktion um 15 kg, die Senkung des Blutdrucks und ein Kraftaufbau, damit die Muskulatur wieder vermehrt auf das Hormon Insulin anspricht.

Tabelle 5 zeigt die Zielsetzung aufgrund der in Kapitel 1 diagnostisch erhobenen allgemeinen und biometrischen Daten.

Tab. 5: Zielsetzung aufgrund der diagnostisch erhobenen Daten (Eifler, 2014, S.39 ff.)

Inhalt	Ausmaß	Zeit
Gewichtsreduktion	15 kg	7-8 Monate
Blutdrucksenkung	in den Normbereich	7-8 Monate
Muskelaufbau	0,5 kg	12 Monate

Als Grobziel werden für den Kunden 15 kg Gewichtsreduktion in einem Makrozyklus festgelegt. Dieser sollte in diesem Fall einen zeitlich Umfang von 7- 8 Monaten umfassen, da mit einer durchschnittlichen Körperfettreduktion von 0,5 kg pro Woche gerechnet werden kann, welche als Feinziel festgelegt werden kann (Eifler, 2014, S. 39-44). Das Ausmaß der wöchentlichen Körperfettreduktion ist von der Trainingshäufigkeit, der Trainingsintensität und vom Ernährungsverhalten des Kunden abhängig. Aufgrund der Anpassungserscheinungen der Muskulatur und des Herzkreislaufsystems durch das Kraftausdauer- und Hypertrophietraining in Kombination mit einem Ausdauertraining soll außerdem der Blutdruck in den Normbereich von 120-129/80-85 mmHg gesenkt werden. Das Ganzkörperkrafttraining soll außerdem wieder zu einer erhöhten Ansprechbarkeit der Muskelzellen auf das körpereigene Insulin führen, um die erhöhten Nüchternblutzuckerwerte zu senken (Grøntved et al., 2012). Das begleitend durchgeführte Cardiotraining und eine Ernährungsumstellung sollen diese Ziele zusätzlich unterstützen.

3 Trainingsplanung Makrozyklus

Aus den in Kapitel 1.1 und 1.2 dargestellten allgemeinen und biometrischen Diagnosedaten und Testergebnissen des X-RM-Tests wird ein Makrozyklus nach der ILB- Methode abgeleitet. In Tabelle 6 ist die Trainingsplanung für den Kunden dargestellt.

Tab. 6: Makrozyklus nach der ILB-Methode (Eifler, 2000; Strack & Eifler, 2005)

	T 1	Mesozyklus 1	T 2	Mesozyklus 2	T 3	Mesozyklus 3	T 4	Mesozyklus 3
Mesozyklus-dauer		7 Wochen		7 Wochen		7 Wochen		7 Wochen
Trainingsziel		Kraftaus-dauer-training		Hypertro-phietraining (extensiv)		Kraftaus-dauer-training		Hypertro-phietraining (intensiv)
Organisations-form		Ganzköper-training an Stationen		Ganzköper-training an Stationen		Ganzköper-training an Stationen		Ganzköper-training an Stationen
Trainingsein-heiten/ Wo.		2		2		3		3
Übungen/ Muskelgruppe		1-2		1-2		1-2		1-2
Sätze/ Übung		2		2		2		2
Satzpause		60 Sek.		90 Sek.		60 Sek		90 Sek.
Wieder-holungszahl		18		10		20		6
Intensität		50-70% ILB		50-70% ILB		50-70% ILB		50-70% ILB
Bewegungs-tempo		2-0-2 Sek.		2-0-2 Sek.		2-0-2 Sek.		2-0-2 Sek.
begleitende Maßnahmen		30 Minuten Cardiotraining auf dem Fahrradergometer						

T1= 18-RM-Test, T2= 10-RM-Test, T3= 20-RM-Test, T4= 6-RM-Test

Es handelt sich bei dem Kunden um einen Trainingsbeginner, dessen Ziel ein Gesundheits- und Fitnesstraining ist. Daher ist die ILB-Methode zum Trainingseinstieg sehr gut geeignet. Aufgrund der in Kapitel 2 dargestellten Zielsetzungen wurde die Dauer des Makrozyklus auf 7 Monate festgelegt. Anstelle der dargestellten Methode kann auch ein Krafttraining auf Basis des 1-RM erstellt werden. Dabei steht jedoch eher der Leistungssport im Vordergrund. Die Bestimmung des 1-RM hat im Hinblick auf die Intensität im submaximalen Intensitätsbereich keinen Anspruch auf Allgemeingültigkeit (Fröhlich, 1998; Bayer & Ramlow, 1993, S. 15-19).

Eine weitere Methode wäre ein Trainingsplan auf der Basis des subjektiven Belastungsempfindens. Dabei kann jedoch als problematisch angesehen werden, dass die Arbeitsgewichte oft deutlich geringer ausfallen können, sodass für ein Hypertrophietraining keine trainingswirksamen Reize gesetzt werden. Dies geschieht häufig dann, wenn die Personen wenig bis gar keine Erfahrung im Fitnessbereich besitzen, da sie das Belastungsempfinden nur schwer einschätzen können (Fröhlich & Schmidtbleicher, 2003, S. 62). Aus den bereits genannten Gründen lässt sich ableiten, dass die ILB-Methode durch genaue Vorgaben eines Grobrasters und eine spezielle Orientierung an der Zielgruppe für den Kunden sehr gut geeignet ist (Eifler, 2014, S. 161).

Die Anzahl der Trainingseinheiten wurde auf 2 Einheiten pro Woche festgelegt. Grundsätzlich ist für Trainingsbeginner, die das Ziel Muskelaufbau haben, auch ein Training mit einer Einheit pro Woche wirksam, wobei jedoch durch 2-3 Einheiten pro Woche größere Erfolge und ein deutlich höherer Muskelzuwachs erzielt werden können (Wirth et. al, 2007, S. 178-183). Das Grobraster zur Trainingsplanung nach der ILB-Methode empfiehlt für Beginner, die bereits bis zu 6 Monate trainieren, eine Belastungshäufigkeit von 2 Einheiten pro Woche. Da der Kunde einen Trainingsumfang von maximal 90 Minuten und eine maximale Häufigkeit von 2-3 Trainingseinheiten pro Woche angegeben hat, wird die Belastungshäufigkeit in den ersten beiden Mesozyklen auf 2 Einheiten wöchentlich festgelegt und im dritten und vierten Mesozyklus auf 3 Trainingseinheiten pro Woche erhöht, um eine progressive Belastungssteigerung zu erreichen. Außerdem ergibt sich aus dem Grobrater für Beginner die Empfehlung von 1-2 Übungen pro Muskelgruppe, die mit den zeitlichen Vorgaben des Kunden übereinstimmen. Dem Grobraster ist ebenfalls zu entnehmen, dass 1-2 Sätze pro Übung für Beginner empfehlenswert sind. In vielen Studien werden die verschiedenen Aspekte eines Einsatz- oder Mehrsatztrainings diskutiert. Nach Peterson, Rhea & Alvar (2004 & 2005) bietet ein Mehrsatztraining sowohl für Beginner als auch für erfahrene Sportler viele Vorteile. Nach Wolfe, Le Mura & Cole (2004) zeigen sich bei Trainingsbeginnern auch bei einem Einsatztraining bereits Anpassungseffekte. Dieser Effekt kann sowohl muskelspezifisch als auch abhängig von der individuellen Genetik des Trainierenden sein (Humburg, 2005). Da bisher keine eindeutige Aussage bezüglich der Satzanzahl in der Literatur vorliegt und das ILB-Grobraster 1-2 Sätze empfiehlt, wurden 2 Sätze pro Übung für den Kunden festgelegt. Um die gewünschte Zunahme an Muskelmasse zu erreichen, sollte die Belastungsintensität für Beginner bei 50% der Maximalkraft liegen (Güllich & Schmidtbleicher, 1997, S. 223-234). Für Gesundheits- und Fitnesssportler werden keine maximalen Belastungen empfohlen, da diese zu einem Anstieg des systolischen Blutdruckes, der Herzfrequenz und des Laktatspiegels führen können (Buskies, 1999, S. 316-320; Steininger & Buchbauer, 1994). Stattdessen ist auch mit einem Training mit submaximalen Intensitäten eine hohe Kraftsteigerung zu erreichen (Eifler, 2000). Aus dem Grobraster der ILB-Methode geht eine Intensität von 50-70% hervor, die diesem Mesozyklus zugrunde liegt. Auf Grund des gewählten Mehrsatztrainings ist das Training an Stationen geplant worden, da erst alle Sätze einer Übung durchgeführt werden können, bevor das Gerät gewechselt werden muss. Da der Kunde 2 Trainingseinheiten pro Woche durchführt, ist ein Plan für ein Ganzkörpertraining erstellt worden. Dies ermöglicht das Training aller Muskelgruppen während einer Trainingseinheit. Diese Organisationsform eignet sich für den Gesundheits- und Fitnesssport besonders, da ein großes Trainingsvolumen nicht unbedingt das Ziel ist (Jones, Bishop, Richardson & Smith, 2006, S. 756-759; Bishop, Jones & Woods, 2008, S. 1015-1024).

Dem dargestellten Makrozyklus liegt die modifizierte Blockperiodisierung zugrunde. Diese ist gekennzeichnet durch den Wechsel der Trainingsziele, um alle Intesitätsbereiche des Krafttrainings in der Makrozyklusplanung zu berücksichtigen. Das Ziel liegt dabei in der Maximierung der Kraftleistung (Fröhlich, Müller, Schmidbleicher & Emrich, 2009; Kraemer & Fleck, 2007). Die klassische lineare Periodisierung zeigt im Vergleich zur reversen linearen Periodisierung eine effektivere Steigerung der Kraftleistung (Prestes, Lima, Frollini, Donatto & Conte, 2008). Da der Kunde Trainingsbeginner ist, ist der erste Mesozyklus umfangsorientiert ausgerichtet und hat die Kraftausdauersteigerung zum Ziel. Dadurch sollen eine Verbesserung des anaeroben- laktaziden Muskelstoffwechsels und der Kapillarisierung erreicht werden, was eine schnellere Regeneration fördern soll. Der zweite Mesozyklus hat die extensive Muskelhypertrophie zum Ziel. Da der Kunde seine Muskelmasse aufbauen will, folgt in der zweiten Hälfte des Makrozyklus ein weiterer Mesozyklus mit dem Ziel Kraftausdauer und gesteigerten Wiederholungszahlen. Der letzte Mesozyklus in diesem Makrozyklus zielt erneut auf die Muskelhypertrophie ab, wobei durch ein intensives Hypertrophietraining mit geringeren Wiederholungszahlen und gesteigerten Arbeitsgewichten das Training stärker intensitätsorientiert ist. Dadurch steigt die Belastung progressiv an. Vor dem Beginn jeden neuen Mesozyklus wird erneut ein X-RM-Krafttest mit der entsprechenden Wiederholungszahl für den folgenden Mesozyklus durchgeführt, und die Arbeitslasten neu zu ermitteln. Auf Grund der geringen Trainingserfahrung des Kunden und der somit geringeren Belastbarkeit und des hochnormalen Blutdruckes des Kunden, wurde auf ein Maximalkrafttraining in diesem Makrozyklus noch verzichtet (Fröhlich, Müller, Schmidbleicher & Emrich, 2009; S. 307-314; Kraemer & Fleck, 2007; Strack & Eifler, 2005, S. 153-163).

4   Trainingsplanung Mesozyklus

Im Folgenden wird exemplarisch der Mesozyklus 1 des Kunden dargestellt. In der Tabelle 7 sind die Übungen des Kunden mit entsprechen Wiederholungszahl- und Arbeitslastangaben dargestellt.

Mesozyklus: 1

Zyklusdauer: 7 Wochen

Leistungsstufe: Beginner

spezifisches Trainingsziel: Muskelausdauertraining

Trainingseinheiten pro Woche: 2

Organisationsform: Ganzkörpertraining

Übungen pro Muskelgruppe: 1-2

Sätze pro Übung: 2

Wiederholungen: 18

Trainingsintensität: 50-70% ILB

Bewegungstempo: 2-0-2

Tab. 7: Meso- und Mikrozyklus nach der ILB-Methode (Eifler, 2000; Strack & Eifler, 2005)

Übung	Wdh.	Wo.1 50% ILB [kg]	Wo.2 55% ILB [kg]	Wo.3 60% ILB [kg]	Wo.4 60% ILB [kg]	Wo.5 65% ILB [kg]	Wo.6 70% ILB [kg]	Wo.7 70% ILB [kg]
Beinpresse	18	60	66	72	72	78	84	84
Lat-Zug zum Kinn	18	20	22	24	24	26	28	28
Brustpresse sitzend	18	22,5	24,75	27	27	29,25	31,5	31,5
Rückenstreckmaschine	18	20	22	24	24	26	28	28
Bauchmaschine	18	20	22	24	24	26	28	28
Trizepsdrücken (Turm)	18	7,5	8,25	9	9	9,75	10,5	10,5
Bizeps-Curls (Scott-Bank)	18	3,5*	4*	4,5	4,5	5*	5,5	5,5
Kurzhantelseitheben, sitzend, angewinkelte Arme	18	2,5	2,5*	3	3	3,5*	3,5	3,5

*Das Arbeitsgewicht musste gerundet werden, da keine 0,125 kg bzw. 0,25kg Gewichtsabstufung bei der Kurzhantel möglich war.

Die Übungen des oben dargestellten Mesozyklus sind als Übungen an geführten Maschinen und mit Kurzhanteln gewählt worden. Das Maschinentraining bietet insbesondere für Trainingsbeginner diverse Vorteile. Die Bewegungsausführung kann durch die Maschinenführung sehr leicht und schnell erlernt werden und somit ist der Trainingseinstieg erleichtert. Außerdem wird die Verletzungsgefahr durch die vorgegebene Bewegungsführung vermindert. Nachteilig am Maschinentraining ist jedoch die Tatsache, dass kein Training der Autostabilisation und der Koordination erfolgt (Eifler, 2014, S. 187). Daher ist in diesem Mesozyklus das Trizepsdrücken am Turm enthalten, da der Kunde dabei den Aufbau seiner Rumpfspannung im parallelen Stand sehr gut trainiert. Beim Kurzhantelseitheben ist mehr Koordination vom Kunden gefordert, da beide Arme möglichst gleichmäßig bewegt werden sollen, während der Rumpf stabil gehalten werden muss. Auf Grund der erhöhten Anforderungen an die Koordination und die Eigenstabilisation an den Kunden, ist diese Übung in der ersten Progressionsstufe als Übung im Sitzen auf der Bank mit Rückenlehne und angewinkelten Armen gewählt worden. Mit zunehmender Fähigkeit der Eigenstabilisation im Rumpf kann die Progressionsstufe gesteigert werden. Beispielsweise wäre die gleiche Übung ohne Rückenlehne denkbar, sodass der Kunde eine Rumpfspannung aufrechterhalten muss während der Übungsausführung. Als weitere Steigerung kann entweder direkt mit ausgestreckten Armen ohne Rückenlehne, oder eine Progressionsstufe niedriger mit Rückenlehne aber ausgestreckten Armen trainiert werden. Denkbar wäre ein weiteres Training der Koordination in einem der folgenden Makrozyklen beispielsweise mit einem Training an mehr freien Gewichten oder mit Seilzügen. Da beide Varianten eine höhere Übungsvarianz erlauben, ist dort ein höherer Betreuungsaufwand nötig als beim geführten Maschinentraining. Bei Trainingsbeginnern ist zunächst wichtig, dass grundlegende Bewegungsabläufe verinnerlicht werden, um somit mögliche Fehlerquellen für ein späteres Freihantel- oder Seilzugtraining zu minimieren. Der Mesozyklusplan beinhaltet sowohl eingelenkige als auch mehrgelenkige Übungen. Eingelenkige Übungen haben den Vorteil, dass sie weniger Ausweichbewegungen bei der Übungsausführung zulassen und mehrgelenkige Übungen bieten die Möglichkeit die Übung besser auf den Alltag übertragen zu können (Hois & Ziegner, 2006, S. 18-25). Bei der Trainingsplanung für einen Trainingsbeginner sollte darauf geachtet werden, dass die Übungsauswahl nicht zu umfangreich ist, jedoch sowohl Agonisten als auch Antagonisten gleichermaßen in das Training integriert werden, um das Auftreten muskulärer Dysbalancen zu vermeiden. Die Reihenfolge, in der die Übungen durchgeführt werden, spielt ebenfalls eine Rolle. Zunächst werden die komplexen mehrgelenkigen Übungen, wie Beinpresse und Lat-Zug, vor den eingelenkigen Übungen wie Trizepsdrücken und Bizeps-Curls ausgeführt. Dadurch wird eine Vorermüdung der Synergisten vermieden (Bompa & Carrera, 2005, S. 69). Außerdem haben mehrgelenkige Übungen einen größeren koordinativen Anspruch und daher ist eine Durchführung zu Beginn des Trainings wichtig, damit eine vorzeitige Ermüdung vermieden werden kann (Zatsiorsky & Kraemer, 2008). Außerdem wurde bei der Reihenfolge der Übungen ebenfalls der Muskelmasseanteil beachtet. Übungen mit einem hohen Muskelmasseanteil sollten zu Beginn einer Trainingseinheit ausgeführt werden, da dadurch die Ausschüttung des anabolen Hormons Testosteron höher ist (Eifler, 2014, S. 205). Bei der Beinpresse beispielsweise ist der Anteil der trainierten Muskelmasse im Vergleich zu den Bizeps-Curls erheblich höher. Daher ist die Übung Beinpresse als erste Übung der Trainingseinheit geplant worden und die Übung Bizeps-Curls als letzte Übung.

5 Literaturrecherche zu den Effekten des Krafttrainings bei Diabetes mellitus Typ-2

Im Jahr 2012 veröffentlichten Grøntved et al. von der University of Southern Denmark eine Studie über den Zusammenhang zwischen Krafttraining und Ausdauertraining und dem Risiko für Diabetes mellitus Typ-2. An dieser Kohortenstudie nahmen 32.002 Männer über einen Zeitraum von 18 Jahren (1990 bis 2008) teil. Eine Teilnehmergruppe absolvierte pro Woche mindestens 150 Minuten Krafttraining, eine zweite Gruppe ein Ausdauertraining von gleicher zeitlicher Dauer und eine dritte Gruppe führte eine Kombination aus beidem durch. Grøntved et al. haben festgestellt, dass ein Ausdauertraining über 150 Minuten wöchentlich zu einer Senkung des Diabetesrisikos um 52% führt und ein Krafttraining der gleichen Dauer eine Senkung des Risikos um 34% bewirkt. Bei den Männern, die eine Kombination aus Ausdauer- und Krafttraining durchführten, sank das Diabetesrisiko um 59%. Sie kamen zu dem Schluss, dass Männer, die Kraft- und Ausdauertraining betreiben, einen größeren Erfolg zu verzeichnen haben, da sie zusätzlich Muskelmasse aufbauen. Vor der Studie war lediglich bekannt, dass ein Ausdauertraining das Diabetesrisiko senkt. Ob die Ergebnisse auch auf Frauen übertragbar sind, ist wissenschaftlich bisher nicht belegt (Grøntved et al., 2012).

In einer bereits 2010 von Church et al. veröffentlichten Studie wurde der Einfluss eines Kraft- bzw. Ausdauertrainings auf den HbA1c-Spiegel im Blut untersucht. Dazu nahmen an der Studie 262 Frauen und Männer mit einem Durchschnittsalter von 56 Jahren teil, die bisher sportlich nicht aktiv waren und einen HbA1c-Wert von 6,5 % aufwiesen. Die Studie wurde über eine Dauer von 9 Monaten durchgeführt. Von den 262 Studienteilnehmern absolvierten 73 Personen ein Krafttraining, 72 Personen ein Ausdauertraining und 76 Personen eine Kombination aus Kraft- und Ausdauertraining. Die übrigen 41 Teilnehmer bildeten die Kontrollgruppe und führten Dehnübungen durch. Die Trainingsprogramme wurden mit insgesamt 140 Minuten in 1-3 Trainingseinheiten pro Woche und einer Intensität von 50-80% des individuell bestimmten Sauerstoffverbrauchs durchgeführt. Church et al. kamen zu dem Ergebnis, dass die Kombination aus Kraft- und Ausdauertraining zu einer Senkung des HbA1c-Wertes um 0,34 % und zu einer Gewichtsreduktion von 1,7 kg bereits nach 2 Monaten führt. Durch das Krafttraining konnte das Gewicht um 1,4 kg gesenkt werden, wohingegen durch das Ausdauertraining keine Veränderungen eintraten. Für Patienten mit Diabetes mellitus Typ 2 wurde eine Empfehlung für eine Kombination von Kraft- und Ausdauertraining am besten unter Anleitung ausgesprochen (Church et al., 2010).

6 Literaturverzeichnis

Bayer, G. & Ramlow, J. (1993). Verhältnis von Kraft- und Ausdauerfähigkeiten für die Vervollkommung der Kraftausdauer im Rennrudern. *Leistungssport, 23* (3), 15-19.

Bompa, T. O. & Carrera, M. C. (2005). *Periodozation training for sports. Science-based strenght and conditioning plans for 20 sports* (2.ed.). Champaign, IL: Human Kinetics.

Buskies, W. (1999). Sanftes Krafttraining nach dem subjektiven Belastungsempfinden versus Training bis zur muskulären Ausbelastung. *Deutsche Zeitschrift für Sportmedizin, 50* (10), 316-320.

Church, T. S., Blair, S. N., Cocreham, S., Johannsen, N., Johnson, W., Kramer, K., Mikus, C., Myers, V., Nauta, M., Rodarte, R. Q., Sparks, L., Thompson, A. & Earnest, C. P. (2010). Effects of Aerobic and Resistance Training on Hemoglobin A_{1c} Levels in Patients with Type 2 Diabetes. *JAMA, 304* (20), 2253-2262.

Eifler, C. (2000). *Krafttraining nach der ILB-Methode – Eine empirische Überprüfung der Trainingseffekte bei Anfängern und Fortgeschrittenen.* Unveröffentlichte Diplomarbeit, Universität des Saarlandes. Saarbrücken.

Eifler, C. (2013). *Empirische Überprüfung der Effekte verschiedener Ansätze zur Intensitätssteuerung im fitnessorientierten Krafttraining.* Dissertation, Universität des Saarlandes. Saarbrücken

Eifler, C. (2014). Trainingslehre I – Gesundheitsorientiertes Krafttraining. Saarbrücken: Deutsche Hochschule für Prävention und Gesundheitsmanagement.

Fröhlich, M. (1998). *Zum Verhältnis von konzentrischer Maximalkraft und der Wiederholungszahl bei einbeiniger Ausführung der Beinpressbewegung in unterschiedlichen submaximalen Intensitätsbereichen.* Diplomarbeit. Saarbrücken. Universität des Saarlandes, Sportwissenschaftliches Institut.

Fröhlich, M., Müller, T., Schmidtbleicher, D. & Emrich, E. (2009). Outcome-Effekte verschiedener Periodisierungsmodelle im Krafttraining. *Deutsche Zeitschrift für Sportmedizin, 60* (10), 307-314.

Grønved, A., Rimm, E. B., Willett, W. C., Andersen, L. B. & Hu, F. B. (2012). A Prospective Study of Weight Training an Risko of Type 2 Diabetes mellitus in Men. *Archives of international Medicine, 172* (17), 1306-1312.

Güllich, A. & Schmidtbleicher, D. (1997). Struktur der Kraftfähigkeiten und ihrer Trainingsmethoden. *Deutsche Zeitschrift für Sportmedizin, 50* (7, 8), 223-234.

Hois, G. & Ziegner, A. (2006). Grundlagen des mehrgelenkigen Trainings in Theorie und Praxis. *Bewegungstherapie und Gesundheitssport, 22,* 18-25.

Humburg, H. (2005). *1-Satz- vs. 3-Satz-Training. Die Auswirkungen des Krafttrainingvolumens auf Maximalkraft, Kraftausdauer, Muskeldicke und neuronale Faktoren.* Dissertation, Universität Hamburg. Hamburg.

Jones, E., Bishop, P. A., Richardson, M. T. & Smith, J. F. (2006). Stability of a practical measure of recovery from resistance training. *Journal of Strength and Conditioning Research, 20* (4), 756-759.

Kraemer, W. J. & Fleck, S. J. (2007). *Optimizing strength training. Designing nonlinear periodization workouts.* Champaign, Ill, Leeds: Human Kinetics.

Marschall, F. & Fröhlich, M. (1999a). Überprüfung des Zusammenhangs von Maximalkraft und maximaler Wiederholungszahl bei deduzierten submaximalen Intensitäten. *Deutsche Zeitschrift für Sportmedizin, 50* (10), 311–315.

Peterson, M. D., Rhea, M. R. & Alvar, B. A. (2004). Application of the dose-response for muscular strength development: a review of metaanalytic efficiancy and reliablity for designing training prescription. *Journal of Stregth an Conditioning Research, 19* (4), 950-958.

Peterson, M. D., Rhea, M. R. & Alvar, B. A. (2005). Maximizing strength development in athletes: a meta-analysis to determine the dose-response relationship. *Journal of Stregth an Conditioning Research, 18* (2), 377-382.

Prestes, J., Lima, C., Frollini, A. B., Donatto, F. F. & Conte, M. (2008). Comparison of linear and reverse linear Periodization effects on maximal strength and body composition. *Journal of Strength and Conditioning Research, 23* (1), 266-274.

Steininger, K. & Buchbauer, J. (1994). *Funktionelles Kraftaufbautraining in der Rehabilitation.* Oberhaching: Gesundheitsdialog.

Strack, A. & Eifler, C. (2005). The individual lifting performance method (ILP)- a practical method for fitness- and recreational strength training. In J. Giessing, M. Fröhlich & P. Preuss (Hrsg.), *Current results of strength training research- An empirical and theoretical Approach.* Göttingen: Cuvillier.

Wirth, K., Aatzor, K. R. & Schmidtbleicher, D. (2007). Veränderungen der Muskelmasse in Abhängigkeit von Trainingshäufigkeit und Leistungsniveau. *Deutsche Zeitschrift für Sportmedizin, 58* (6), 178-183.

Wolfe, B. L., Le Mura, L. & Cole, P. J. (2004). Quantitative analysis of single- vs. multiple-set programs in resistance training. *Journal of Strength and Conditioning Research, 18* (1), 35-47.

Zatsiorsky, V. & Kraemer, W. (2008). Krafttraining. *Praxis und Wissenschaft* (3. Aufl.). Meyer & Meyer Sport.

Zimmer, M. (1999). *Entwicklung und Erprobung eines Mehrwiederholungstests zur Erfassung der Kraftleistung im Fitneß-Training.* Unveröffentlichte Diplomarbeit, Universität des Saarlandes. Saarbrücken.

7 Tabellenverzeichnis